Esa no es mi **cola**

¿Qué es ediciones iamiqué?

ediciones iamiqué es una pequeña empresa argentina creada por una física y una bióloga empecinadas en demostrar que la ciencia no muerde y que puede ser disfrutada por todo el mundo. Fue fundada en 2000 en un desván de la Ciudad de Buenos Aires, junto a la caja de herramientas y al ropero de la abuela.

ediciones iamiqué no tiene gerentes ni telefonistas, no cuenta con departamento de marketing ni cotiza en bolsa. Sin embargo, tiene algo que debería valer mucho más que todo eso: unas ganas locas de hacer los libros de información más innovadores, más interesantes y más creativos del mundo.

Idea y texto: **Carla Baredes e Ileana Lotersztain**
Corrección: **Patricio Fontana**
Ilustraciones: **Luciana Fernández**
Diseño y diagramación: **Javier Basile**

Primera edición: julio de 2003
Cuarta reimpresión: julio de 2011
Tirada: 2000 ejemplares
I.S.B.N.: 978-987-98042-7-8
Queda hecho el depósito que establece la ley 11.723
Impreso en Argentina
Printed in Argentina

Lotersztain, Ileana
Esa no es mi cola / Ileana Lotersztain y Carla Baredes ; ilustrado por Luciana Fernández. - 1a ed. 4a reimp. - Buenos Aires : Iamiqué, 2011.
24 p. : il. ; 28x20 cm. - (Sueños curiosos)
ISBN 978-987-98042-7-8
1. Ciencias para Niños. I. Baredes, Carla II. Luciana Fernández, ilus. III. Título.
CDD 500.54

Esa no es mi **cola**

Carla Baredes e **Ileana Lotersztain**
Ilustraciones de **Luciana Fernández**

Apenas se durmió, **Joaquín** apareció en pijama en medio de un bosque. Las hojas que cubrían el suelo estaban un poco frías, pero era muy agradable escuchar el ruidito que hacían cuando las pisaba con los pies descalzos.

Joaquín estaba muy entretenido con las hojas cuando escuchó unos golpes que casi lo despiertan. El ruido venía de arriba, de la parte más alta de un árbol muy alto. Cuando miró, vio un pajarito que golpeaba el tronco con su pico.

—¿Qué estás haciendo? —preguntó.

—Estoy buscando unos bichitos para comer.
Me paso casi todo el día agujereando la madera con mi pico cincel,
y por eso me llaman **Carpintero**.

—¿Y no te caes? —quiso saber Joaquín.

—Nooo... Mis patas terminan en garras que se clavan muy fuerte en el tronco.
Y como si esto fuera poco, las plumas de mi cola son durísimas y punzantes.
Cuando me preparo para agujerear un árbol, me agarro fuerte con la cola,
como si fuera una pata más. ¿Quién podría caerse con tres patas clavadas?

A Joaquín le encantó descubrir que una cola podía servir de pata. Y aunque era muy interesante conversar con Carpintero, decidió despedirse para seguir soñando en otra parte.

Joaquín dio la vuelta a la esquina, y se encontró con un **pavo real** que descansaba en la rama más baja de un árbol.

—¿Cómo te llamas? —le preguntó.

—Soy el Pavo Cristatus. ¿Y tú?

—Soy Joaquín. ¿Cómo haces con esa cola para agarrarte a los árboles?

—¡Qué pregunta tan extraña! ¿Cómo voy a usar la cola para agarrarme a los árboles? Mi cola me sirve para cosas mucho más románticas...

Y, sin más, Cristatus desplegó su enorme cola formando un abanico de hermosos colores.

—Cada vez que la abro, las pavitas
se vuelven locas de amor por mí.
¿No soy absolutamente irresistible?
—¡Guauuuuuuu! —dijo Joaquín.

Y como Cristatus empezó a mirar de reojo
a una pava que apareció por ahí, Joaquín
prefirió dejarlos solos y seguir su viaje.

—¿Adónde vas tan apurado? —le preguntó una **serpiente** que se arrastraba lentamente.

—¡Hola! —saludó Joaquín, sorprendido—. ¿Eres venenosa?

—Sí, pero no tengas miedo que no voy a hacerte daño. No pareces un animal peligroso...

Joaquín se acercó despacito, despacito, hasta que estuvo bien cerca de la serpiente. La miró fijamente durante un rato, y después le dijo:

—Espero que no te ofendas, pero ¿cómo haces para conseguir novio con esa cola tan fea?

—Espero que no te ofendas tú, pero ¿cómo se te ocurre que voy a coquetear con la cola? Quizás mi cola no sea muy hermosa, pero es superespecial. ¿Ves esos anillos de piel dura que tiene en la punta? Como no están pegados entre sí, cuando muevo la cola se chocan y hacen mucho ruido. Por eso me dicen **Cascabel.**

Y sin más, Cascabel empezó a agitar la cola, haciendo un ruido que le puso a Joaquín la piel de gallina.

—¿Y para qué te sirve hacer tanto ruido? —le preguntó.

—Es mi manera de avisar al que intente dañarme de que lo puede pasar muy mal, porque soy venenosa.

—¡Guauuuuuuuuuuuuuu! La verdad es que tienes razón: tu cola no será la más linda, pero es superbuena. Ahora me voy, porque si sigo charlando contigo va a llegar la hora de despertarme y me van a quedar muchas colas por conocer...

Joaquín siguió caminando hasta que
se chocó con un **lagarto**
que descansaba sobre una gran piedra.
—¿Qué estás haciendo? —le preguntó.
—Lo que hago siempre que puedo: tomo el sol.
Si no lo hiciera me moriría de frío.
—¡Qué espantoso debe ser eso! —se preocupó Joaquín—.
Pero ¿cómo haces ruido con esa cola?

—¿Para qué me serviría hacer ruido con la cola? Mi cola es muy silenciosa, pero tiene algo que la hace única. ¿Quieres que te lo cuente? Si algún animal me atrapa por la cola, doy una sacudida y la separo de mi cuerpo. Aunque te parezca increíble, ella sigue moviéndose y yo aprovecho para escapar a toda velocidad.

—¿Y no te duele?

—No, para nada. Y, además, no ando "descolado" por mucho tiempo, porque a los pocos días me empieza a crecer una cola nueva.

—¡Guauuuuuuuuuuuu! Me encanta tu cola desmontable—dijo Joaquín.

Pero el lagarto no lo escuchó, porque se había quedado dormido con el calorcito del sol.

Joaquín se alejó despacito y calladito para no despertar al lagarto. Dio seis pasitos para acá y ocho para allá, y de repente, por esas cosas que sólo pasan en los sueños, apareció en medio del mar.

Un enorme **tiburón** se acercaba a toda velocidad, y Joaquín le hizo señas para que se detuviera.
—¡No puedo dejar de nadar! —le gritó el tiburón—. Si me quedo quieto, me hundo. Si quieres charlar, sube que te llevo...

Joaquín se agarró fuerte de la aleta y sin más le dijo:
—¡Qué raro debes quedar cuando te desprendes de tu cola!
—¿Te has vuelto loco? ¿Por qué querría yo desprenderme de mi cola?
—Pero entonces, ¿qué haces cuando algún animal quiere comerte?
—¡Es el mejor chiste que escuché en mucho tiempo! —dijo el tiburón—. No te preocupes que conmigo nadie se hace el valiente. Y además, si me quedara sin cola no podría moverme. ¿Sabes por qué? Para nadar, meneo la cola de un lado al otro, empujando el agua hacia atrás. El agua, a su vez, me empuja hacia adelante, y así puedo avanzar.

Joaquín se soltó para mirar cómo nadaba su nuevo amigo, y se maravilló al comprobar lo rápido que era capaz de alejarse con sólo mover la cola.

Apenas perdió de vista al tiburón, escuchó que alguien lo llamaba desde el fondo. Bajó para ver de quién se trataba y vio una raya que tenía el cuerpo cubierto de pintitas.

—Hola —dijo la **raya de manchas azules**—. Te vi paseando con un pariente mío y tuve ganas de conocerte.

—¿Eres pariente del tiburón? La verdad es que no se parecen. Dime una cosa: ¿cómo haces para empujar el agua con esa cola tan finita?

—Para empujar el agua, tengo mis aletas —contestó la raya—. Acércate y te explico para qué me sirve la cola.
¿Ves esas espinas que tiene a los costados? Son muy afiladas y venenosas. Cuando se me acerca algún animal con ganas de comerme, doy un latigazo con la cola y se las clavo profundamente.
—¡Guauuuuuuuuuuu! Tu cola es un arma superpoderosa.
—Sí, pero la uso sólo para defenderme.
Y te aseguro que me da muy buenos resultados: el que la prueba no se me acerca nunca más.

Joaquín pensó que ya era hora de irse, no fuera que a la raya se le escapara un coletazo. Así que se despidió rápidamente y siguió el viaje.

Joaquín nadó, nadó y nadó, hasta que llegó a un río caudaloso. Se dejó arrastrar por el agua hasta que, ¡Puuum!, chocó con una enorme pared de troncos, barro y piedras.

—¿A quién se le ocurre levantar una pared en medio de un río? —preguntó Joaquín mientras se hacía *sana-sana* en la cabeza.

—¡A mí! —gritó Castórido, el **castor**, que venía empujando un tronco—. La construí con toda mi familia para proteger nuestra madriguera de la fuerza del agua. ¿No es una obra impresionante?

La pared era verdaderamente magnífica, pero Joaquín estaba pensando en otra cosa:

—¿Cómo haces para defenderte con esa cola?

—Yo no uso mi cola para defenderme, la uso para otras cosas. ¿Quieres que te lo enseñe?

Mientras nadaba, Castórido giraba la cola hacia un lado y hacia el otro, como si fuera el timón de un barco. Así lograba avanzar en la dirección que quería.

—Y hay más —dijo el castor—, ¡mi cola también me sirve como alarma! Cuando veo que un animal peligroso se acerca, golpeo con ella el agua bien fuerte para avisar a mi familia y a mis amigos de que se escondan rápidamente.

Salieron del agua y Joaquín se agachó para despedirse. Castórido se incorporó sobre sus patas traseras usando su cola como apoyo.

—¡Guauuuuuuuuuuuu! Tienes una cola multiuso —dijo Joaquín, al tiempo que apuraba el paso porque quería pasear por el bosque antes de que terminara su sueño.

Caminó y caminó, hasta que se encontró con un **mono**.
—¡Hola! —saludó Joaquín—. ¿Cómo te llamas?
—**Capuchino**, pero me dicen Capu. ¿Qué haces por aquí?
—Estoy soñando que me encuentro con un montón de animales que me cuentan para qué usan sus colas.
—Nunca había estado en un sueño —dijo el mono—. ¿Qué tengo que hacer?
—Muéstrame cómo usas la cola.

Y, sin más, Capu comenzó a trepar a un árbol, mientras Joaquín lo miraba un poco preocupado.

—¿Hasta dónde piensas llegar? —gritó Joaquín—. ¿No te da miedo?

—¡No! Estoy muy bien entrenado. Y además, me muevo mucho mejor en lo alto de los árboles que en el suelo. Ahora fíjate cuánto me ayuda la cola.

Capu trepó, subió, bajó y se columpió por los árboles como un verdadero experto. Además de sus brazos y sus piernas, usaba la cola para agarrarse fuerte de las ramas, mantener el equilibrio, balancearse para cambiar de rama, quedarse colgado...

—¡Guauuuuuuuuuuu! —gritó Joaquín asombrado.

Cuando Capu terminó su demostración, preguntó orgulloso:
—¿No tengo la mejor cola?
Joaquín pensó un ratito y dijo:
—Tienes una cola superbuena, pero te aseguro que no le serviría a cualquier animal. En este sueño descubrí que hay muchas colas diferentes, y que todas les resultan muy útiles a sus dueños. Algunas sirven para sostenerse; otras, para enamorar; otras ayudan a escapar; otras, a darse impulso; algunas son geniales para defenderse; otras, para avisar del peligro; algunas sirven para apoyarse...
—Tienes razón —dijo Capu—. ¡Cuántos golpes me daría si la cola se me desprendiera como al lagarto!

Mientras hablaba con Capu, Joaquín escuchó una voz que lo llamaba.

—Arriba, Joaquín. Es hora de levantarse.

—No... Anduve tanto durante la noche que no voy a poder caminar.

—Claro que vas a poder. En las nalguitas tienes unos músculos bien grandotes que te van a ayudar a mover las piernas.

—¿Tengo músculos en las nalgas? —preguntó Joaquín, medio dormido, medio despierto.

—¡Por supuesto! Si no fuera por esos músculos, tus nalguitas no tendrían esa forma tan linda...

—¡Guauuuuuuuuuuu!

¿Quieres formar parte de los seguidores de **ediciones iamiqué**?

Preguntas que ponen los pelos de punta 1
sobre el agua y el fuego

Preguntas que ponen los pelos de punta 2
sobre la Tierra y el Sol

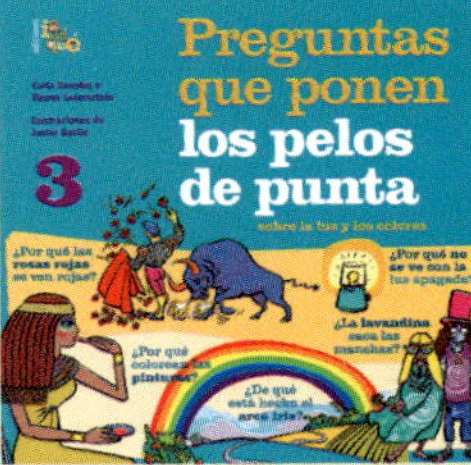

Preguntas que ponen los pelos de punta 3
sobre la luz y los colores

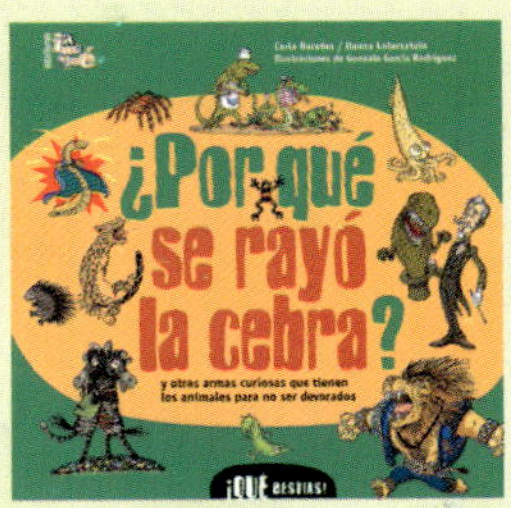

¿Por qué se rayó la cebra?
y otras armas curiosas que tienen los animales para no ser devorados

¿Por qué es trompudo el elefante?
y otras curiosidades de los animales a la hora de comer

¿Por qué es tan guapo el pavo real?
y otras estrategias de los animales para dejar descendientes

info@iamique.com.ar
www.iamique.com.ar
facebook: ediciones iamiqué
twitter: @_iamique_

Este libro se imprimió y encuadernó en julio de 2011, en Grancharoff impresores, Tapalqué 5868, Ciudad de Buenos Aires, Argentina. Teléfonos: (54-11) 4684-1551 / 4683-1405 www.grancharoff.com